Étude de **Me SANONER**, Commissaire-Priseur

à Paris, y demeurant, 4, Square La Bruyère

VENTE AUX ENCHÈRES PUBLIQUES

DE

TAPISSERIES ANCIENNES

du XVe au XVIIIe siècle

BORDURES DE TAPISSERIES

Broderies et étoffes de diverses époques

MEUBLES ANCIENS SCULPTÉS

PANNEAUX — STATUETTES

Rubans Anciens du XIVe au XIXe Siècle

Deux épis de faîtage du pré d'Auge, époque du XVIe siècle

HOTEL DROUOT, SALLE N° 6

LE LUNDI 26 MARS 1900

A 2 HEURES PRÉCISES

Me SANONER	M. E. GANDOUIN
COMMISSAIRE-PRISEUR	EXPERT
4, Square Labruyère, 4	40, Avenue Wagram, 40

Chez lesquels on trouve le Catalogue

EXPOSITION PUBLIQUE

LE DIMANCHE 25 MARS 1900

DE I H. 1/2 A 5 H. 1/2

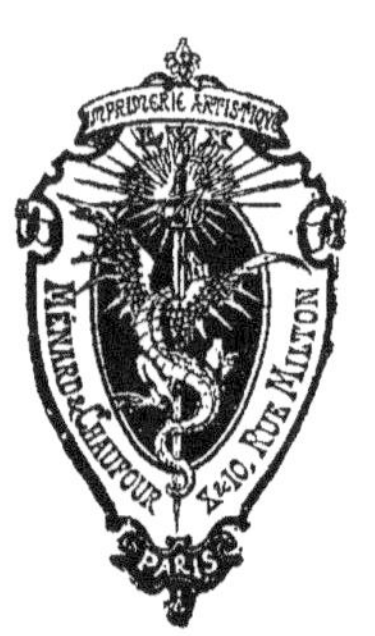
IMPRIMERIE ARTISTIQUE
MÉNARD & CHAUFOUR
4 & 10, RUE MILTON
PARIS

CONDITIONS DE LA VENTE

Elle se fera au comptant.

Les acquéreurs paieront *cinq pour cent* en sus des enchères.

L'exposition mettant le public à même de se rendre compte de l'état des objets, il ne sera admis aucune réclamation une fois l'adjudication prononcée.

DÉSIGNATION

TAPISSERIES

1 — Grand panneau en broderie de soie représentant
Joseph vendu par ses frères, grands personnages,
encadré d'une très curieuse bordure en broderie
de soie sur drap d'or, et applications de fleurs et
paons d'un travail très fin, pièce rare et curieuse
mais très fatiguée.

4 mètres, sur 4 mètres.

2 — Très belle et très fine tapisserie des Gobelins
de Bruxelles, représentant le triomphe d'un Con-
quérant, personnages, têtes d'un beau coloris très
expressives, sans bordures, le bas en mauvais état.

3 — Grande tapisserie, verdure avec oiseaux encadrée
d'une bordure de fleurs et feuillages.

Largeur : 3^m90 ; hauteur : 2^m50

4 — Portière en tapisserie très fine représentant deux guerriers, jolie bordure de côté, de fleurs et feuillages.

5 — Grande tapisserie Renaissance avec bordure armoriée.

6 — Panneaux tapisserie Renaissance, chasse petits personnages, cavaliers et animaux. Mauvais état.

Hauteur : 1^m55 ; largeur : 1^m38 et 1^m85 sur 1^m90.

7 — Portière tapisserie, Renaissance, chasse, bordure haut et bas fatiguée.

Hauteur : 2^m85.

8 — Panneau Renaissance, chasse, petit cavalier, animaux, bordures de côté.

Hauteur : 2 mètres ; largeur : 1^m25

9 — Panneau Renaissance, petits personnages nombreux dans un paysage, le haut formant portique.

10 — La manne tombant du ciel, petit panneau, tapis représentant trois personnages, très colorés.

Hauteur : 1^m45 ; largeur : 0^m90.

11 — Cueillette de la manne. Portière représentant cinq personnages, vif coloris.

12 — Petit panneau carré, gros Aubusson, arbre au milieu, petit personnages au coin, vif de ton.

Hauteur ^m35 ; largeur 1^m18

13 — Portière verdure Aubusson, arbre au milieu avec oiseau.

Hauteur : 1^{m}89 ; largeur : 0^{m}85.

14 — Petit panneau tapisserie à personnages.

Hauteur : 1^{m}50 ; largeur : 0^{m}54.

15 — Deux fragments grande tapisserie à personnages représentant l'histoire de Coriolan, vif de ton.

16 — Panneau tapisserie, représentant un personnage assis dans un char.

Hauteur : 1^{m}50 ; largeur : 0^{m}90.

17 — Panneau tapisserie, à personnages représentant un mariage devant un prophète.

Hauteur : 2^{m}40 ; largeur : 1^{m}70.

18 — Petit panneau Aubusson fin, largeur représentant verdures et jardins dessinés, mauvais état.

Hauteur : 1 mètre ; largeur : 1^{m}65.

19 — Panneau gothique représentant des oiseaux et des fleurs sur un fond d'arabesques feuillagés,

Hauteur : 1^{m}80 ; largeur : 1^{m}50,

20 — Petit panneau gothique chardon fleuri.

Hauteur : 1^{m}20 ; largeur : 0^{m}83.

21 — Petit panneau gothique oiseaux et fleurs sur un fond feuillagé.

22 — Petit panneau, têtes de guerriers très fin.

> Hauteur : 1 mètre ; largeur : 1^m44.

23 — Portière tapisserie Louis XIII, reine et sa
suivante.

> Hauteur : 1^m80 ; largeur : 1^m25.

24 — Fragment bas de tapisserie très fine, représentant moutons et personnages, en mauvais état.

25 — Panneau tapisserie représentant des femmes
voilées, petits personnages dans le haut.

> Hauteur : 2 mètres ; largeur : 1^m30.

26 — Panneau tapisserie à personnages poursuivant
un taureau.

> Hauteur : 1^m20 ; largeur : 1^m54.

27 — Petit panneau Aubusson, verdures, fleurs et
feuillages.

> Hauteur : 1^m40 ; largeur : 0^m95.

28 — Portière tapisserie Ulysse surpris filant au
pieds de la fille du roi.

> Hauteur : 2^m25 ; largeur : 1^m40.

29 — Fragments. Deux panneaux. Deux femmes avec
leur chevelure tombant sur leurs épaules. Le
deuxième, têtes de petits personnages.

30 — Grand panneau tapisseries à personnages :
Guerriers d'Alexandre.

> Hauteur : 2^m14 ; largeur 2 mètres.

31 — Fragment tapisserie moyen âge, personnage tenant des chiens en laisse.

32 — Panneau tapisserie représentant une reine, assise, une servante lui verse à boire dans une coupe, un page les regarde. Mauvais état.

Hauteur : 1^m98 ; largeur 1^m8o.

33 — Bas de tapisserie verdure. Bien conservé.

Hauteur : 0^m88 ; 2^m25.

34 — Petit panneau, verdure, biche poursuivie par des chiens.

Hauteur : 1^m20 ; largeur 1^m8o.

35 — Panneau tapisserie représentant la mort de Pyrame et Thisbée. Très fatigué.

2^m5o ; 9^m55

36 — Deux panneaux haut de tapisserie représentant une reine et quatre personnages, petit panneau deux personnages dans un paysage.

37 — Fragment de tapisserie représentant un empereur sur un trône, femme et guerriers.

38 — Trois petits panneaux, petits musiciens, deux têtes et tête de cheval.

39 — Trois petits panneaux, 1er panneau, composé de six personnages, 2e, cheval et petits chasseurs, 3e, joueurs de trompette.

40 — Trois panneaux : 1ᵉʳ panneau, trois têtes de personnages, 2ᵉ, Personnage ; 3ᵉ, Morceau gros d'Aubusson. Bon.

41 — Grand panneau, tapisserie époque Louis XIII représentant guerrier et jeune femme les mains enlacées devant une statue de Diane. La bordure du bas manque.

42 — Haut de tapisserie moyen âge, représentant plusieurs personnages, dont deux, un jeune homme et une jeune femme se donnent la main devant un vieillard.

43 — Panneau tapisserie, représentant l'Amour dans un fond de verdure feuillagé, bordure en côté avec petits personnages.

44 — Fragment de tapisserie très fin représentant deux personnages couronnés de lauriers.

45 — Fragment de tapisserie, représentant Pygmalion à genoux aux pieds de Galathée, près d'un temple, à colonnes, deux petits amours embrassés.

46 — Haut de tapisserie moyen âge, représentant plusieurs personnages, hommes et femmes nues.

Hauteur : 0ᵐ90 ; largeur 2ᵐ12,

47 — Haut de tapisserie moyen âge avec personnages et inscriptions.

Hauteur : 0ᵐ90 ; largeur 2ᵐ75.

48 — Petit panneau verdure avec château.

Hauteur : 1 mètre ; largeur 1^m35

49 — Moitié de tapisserie verdure à personnages, jolies têtes, beau coloris.

50 — Haut de tapisserie verdure.

Hauteur : 1^m35 ; largeur ; 1^m70.

BORDURES

PROVENANT DE TAPISSERIES ANCIENNES

51 — Bordure en tapisserie à dessins jaunes, rouges et noirs.

5^m70.

52 — Bordure même genre que la précédente, plus large.

Longueur : 3^m5o ; largeur o^m25.

53 — Bordure feuille d'acanthe.

Longueur : 7^m2o ; largeur o^m17.

54 — Bordure à polichrome, dessins de fleurs et feuillages, vif coloris.

3^m6o.

55 — Bordure même genre que la précédente.

6 mètres.

56 — Bordure feuille d'acanthe rouge et jaune sur fond bleu pâle. ;

6 mètres.

57 — Bordure fleurs et feuillage en bon état.

4^m8o

58 — Autre bordure.

3^m6o

59 — Autre bordure large.

4^m5o

60 — Montant de bordure bon état.

2^m5o.

61 à 70 — Belles bordure non désignées, seront vendues séparément.

70 à 80 — Lots de verdures. Seront vendus séparément.

80 à 99 — Lots de morceaux grands et petits, verdures et personnages.

MEUBLES
ET PANNEAUX SCULPTÉS ANCIENS

100 — Quatre panneanx gothiques, chêne sculpté.

101 — Trois panneaux gothiques, chêne sculpté.

102 — Deux panneaux gothiques à petits losanges, chêne sculpté.

103 — Treize autres panneaux gothiques, chêne sculpté.

104 — Cinq panneaux chêne sculpté, losanges entrelacés avec rubans.

105 — Cinq panneaux à losanges, chêne sculpté.

106 — Deux panneaux à entrelacs.

107 — Cinq panneaux à godrons.

108 — Trois panneaux carrés, chêne sculpté, bouts de bahut. Trois autres même genre.

109 — Trois panneaux à têtes d'anges.

109 *bis*. — Deux cartouches, bois sculpté, peint blanc.

110 — Deux cartouches, bois sculpté surmonté de têtes d'ange.

111 — Lot de dix morceaux, petits cartouches, chêne sculpté.

112 — Six petites appliques, chêne sculpté.

113 — Deux belles cariatides, angles de bahut sculpté.

114 — Quatre cariatides de bahut, sculptées, dépareillées.

115 — Deux grands panneaux carrés, sculptés, bouts de bahut.

116 — Petit coffre Louis XIII, non monté, un lot de morceaux, même époque.

117 — Quatre panneaux, chêne sculpté Louis XIII.

118 — Deux panneaux gothiques, sculptés à jour, autre panneau à petits losanges unis.

Longueur 1 mètre.

119 — Dessus de glace Louis XIV en chêne sculpté, petits losanges quadrillés, frise sculptée très en relief.

120 — Deux petits panneaux Renaissance, chêne sculpté.

121 — Deux petits personnages de fronton, la résurrection du Christ, bois sculpté, deux consoles appliques, têtes de femmes.

122 — Deux portes de buffet, la sculpture est endommagée.

123 — Deux petits panneaux sculptés à rinceaux, très en relief.

124 — Deux portes de pannetière, sculptées à jour.

125 — Trois balustres d'escalier en chêne.

126 — Panneau chêne sculpté, représentant le jugement de Pàris.

127 — Monture de lit Henri II, en bois tourné.

128 — Lit de repos Louis XIII, la tête finement sculptée.

129 — Vingt-deux colonnes torses, de lit, Louis XIII.
Ce lot sera divisé.

130 — Lit Renaissance complet, en chêne mouluré.

131 — Quatre portes de buffet, en chêne sculpté.

132 — Petite porte avec personnage sculpté.

133 — Deux bouts de coffre devant et différents panneaux à serviettes.

134 — Deux fauteuils fin Louis XIII, à pieds tournés, tapisseries derrière bien conservées.

135 — Fauteuil Louis XIV, un bras manque.

136 — Fauteuil Louis XIII à croisillon, dossier en tapisserie au point.

137 — Deux grands fauteuils Louis XIII, recouverts en tapisserie au point.

138 — Petit fauteuil de la Restauration, non garni.

139 — Petits meubles à six portes, les quatre du haut à jour, avec petites colonnettes balustres.

140 — Petite armoire à quatre portes en chêne, à moulures unies, la corniche manque.

141 — Petit buffet à deux corps, quatre portes, le dessous plus étroit, meuble rare.

142 — Petit coffre époque Louis XIII, en chêne sculpté.

143 — Autre petit coffre chêne Renaissance à petits panneaux, la façade sculptée.

144 — Grand bahut Renaissance à personnages, chêne sculpté.

145 — Haut de crédence en chêne, peinte en vert.

146 — Grand buffet à quatre portes, panneaux sculptés, colonnettes aux angles, fronton sculpté.

147 — Bahut en chêne sculpté à têtes d'anges.

148-150 — Meubles non catalogués.

151 — Morceaux de bois sculpté et lots de sculptures, bois dorés et autres.

ÉTOFFES ET BRODERIES ANCIENNES

152 — Fond de lit Louis XIII en soie brochée avec application de rubans et chenille.

153 — Ciel de lit soie crème broché de petites fleurettes rouges.

154 — Fond de lit en soie rose passé, brodé de perles et bordé de frange dorée.

155 — Fond de lit en brocard vert et vieux rose Louis XIII, tissé d'argent avec applications.

156 — Ciel de lit Louis XIII, en satin mordoré à dessin de fleurs et feuillages verts, encadrement en satin cerise.

157 — Tour de lit en satin jaune et bleu pâle, tissé argent et fleurs de couleur.

158 — Partie de lit en satin à petites rayures noire et crème, pente de lit analogue garnie de jolie frange en soie rose, crème et noire.

159 — Garniture de lit Louis XIII, ciel et trois lambrequins en serge rose passée avec application de satin, ruban jaune et passementerie.

160 — Garniture de lit Louis XIII en serge vieux vert, avec lambrequin, application de ruban jaune formant dessins.

161 — Fond de lit vieux vert, ciel de lit avec deux lambrequins, applications de satin jaune et rubans jaunes.

162 — Ciel de lit carré, bleu foncé avec applications soie jaune.

163 — Trois grands lambrequins de lit et un petit en serge brune avec application de fleurs de soie jaune et verte.

164 — Garniture de lit Louis XIII, fond de lit, rideaux, lambrequins, pièces en toile de Jouy, garni de franges de soie.

165 — Grande bannière en velours rouge représentant le Christ en croix, brodé de fils en métal doré et argenté, aux pieds de la croix, Sainte Madeleine, de chaque côté, la Vierge et Saint Jean brodés de soie et fils métal. Au revers un personnage auréolé vêtu d'une chasuble brodée de fils en métal argenté.

166 — Bannière. Le Christ en croix sur fond d velours mordoré, deux saintes femmes sont de chaque côté, broderie en soie et en fils argentés.

167 — Dalmatique fond blanc avec bandes rouges, applications de fleurs, asteries sur les bandes, fond blanc.

168 — Sous ce numéro lot de rubans en soie.

169 — Collections d'échantillons de rubans en soie, tissée et lamée d'or des fabriques italiennes, allemandes, françaises et autres du XVe au XIXe SIÈCLE. Une grande partie est montée sur carte.

FAIENCES ANCIENNES

170 — Épis du pré d'Auge. Deux épis de faîtage en faïence ancienne du pré d'Auge. Époque du XVIe siècle.

OBJETS DIVERS

171 — Sous ce numéro, divers meubles anciens sculptés des époques Louis XIII, Louis XIV et autres.

172 — Sous ce numéro, divers panneaux anciens sculptés de diverses époques.

173 — Sous ce numéro, les objets omis.